操守篇

图说社会主义核心价值观——中华传统美德故事丛书

周子健 编写　徐静茹 王楠 张巍 绘

黑龙江美术出版社

图书在版编目（CIP）数据

图说社会主义核心价值观：中华传统美德故事丛书.操守篇/周子健编写；徐静茹，王楠，张巍绘. -- 哈尔滨：黑龙江美术出版社，2017.4（2020.11重印）
ISBN 978-7-5593-0097-3

Ⅰ.①图… Ⅱ.①周… ②徐… ③王… ④张… Ⅲ.①品德教育—中国—通俗读物 Ⅳ.①D648-49

中国版本图书馆CIP数据核字(2017)第045787号

图说社会主义核心价值观
中华传统美德故事丛书——操守篇

TU SHUO SHEHUIZHUYI HEXIN JIAZHIGUAN
ZHONGHUA CHUANTONG MEIDE GUSHI CONGSHU——CAOSHOU PIAN

编　　写／周子健
　　　绘／徐静茹　王　楠　张　巍
责任编辑／郭建廷
封面设计／张继星
出版发行／黑龙江美术出版社
地　　址／哈尔滨市道里区安定街225号
邮政编码／150016
发行电话／（0451）84270514
经　　销／全国新华书店
印　　刷／永清县晔盛亚胶印有限公司
开　　本／720mm×1020mm　1/16
印　　张／11
版　　次／2017年4月第1版
印　　次／2020年11月第3次印刷
书　　号／ISBN 978-7-5593-0097-3
定　　价／20.00元

写在前面的话

中华民族传统美德，是中国五千年历史流传下来，具有影响，可以继承，并得到不断创新发展，有益于后代的优秀道德遗产，是中华民族优良的民族精神、崇高的民族气节、高尚的民族情感，以及良好的民族习惯的结晶，是中华民族传统文化的灵魂，是建设富强、民主、文明的社会主义中国的精神力量。中华传统美德具有生生不息、历久弥新的品质，是永不枯竭的道德资源。

在中华民族几千年的历史长河中，世代传承形成的博大精深、丰富厚重的传统美德包括：敬业乐群、公而忘私的奉献精神，天下兴亡、匹夫有责的爱国情操，先天下之忧而忧、后天下之乐而乐的崇高志趣，自强不息、艰苦奋斗的昂扬锐气，富贵不能淫、贫贱不能移、威武不能屈的浩然正气，鞠躬尽瘁、死而后已的为政风范，厚德载物、道济天下的广阔胸襟，奋不顾身、舍生取义的英雄气概，大道之行、天下为公的社会理想，等等。这些已成为我们民族宝贵的精神财富。

对青少年一代进行中华传统美德教育，是中国历史发展的必然要求，是进行社会主义道德建设、提高全民族素质的一项基础性工程，对弘扬民族精神和时代精神，形成良好的社会道德风尚，促进物质文明、精神文明和社会文明协调发展，具有十分重要的意义。

为了更好地弘扬民族精神，实现中华民族伟大复兴的中国梦，践行富强、民主、文明、和谐、自由、平等、公正、法治、爱国、敬业、诚信、友善的社会主义核心价值观，使我们的民族永远屹立在世界的东方，让圣贤的传统道德文化遍地开花结果，我们编辑了这套《图说社会主义核心价值观——中华传统美德故事丛书》。书中萃取了我国历史上不同时代著名人物高尚道德情操的小故事，故事中的人物有的机智，有的正直，有的好学，有的勇敢，有的为人类科学做出了重大贡献，让读者在阅读过程中，感受到人生应具有的真善美品质。

书中故事均来源于历史传说，人物形象及背景更有真实感和可信度。因时代不同，人物不同，故事情节、环境不同，全书在整体风格统一的前题下，每一册的人物形象和场景又各具特点。

这是一套内容最全的中华传统美德教育读本，它集萃五千年中华传统文化之精华，以故事串联，以连环画的形式展现，便于读者理解故事的内涵。每个故事都是浓缩的智慧，每次阅读都是对心灵的洗礼。书中故事分类准确，让读者在接受美德熏陶的同时，感受中国历史文化的魅力，体味原汁原味的中华经典，带给读者最好的阅读感受。

青少年既是中华传统美德的传承者，又是新道德规范的实践者，他们会在故事中寻求自己向善的意义，建立自己的道德标准，形成自己健全的人格，成就自己完满的人生，并通过阅读这些经典的故事，使心灵深处得到启迪。

对于正处于身心发育、道德培养期的孩子来说，这套丛书是可以阅读一生的图书，是孩子们最好的人生指南书。

编　者

目 录

秉笔直书
-1-

不吃嗟来食
-13-

孤守疏勒
-25-

浩然正气
-40-

拒不趋炎附势
-53-

临危不惧
-66-

死不低头
-77-

宁死不屈
-90-

气撼汉王
-102-

杀头不剃发
-115-

渑池相会
-129-

逃避封赏
-142-

兄弟气节
-157-

秉笔直书

在春秋时代,齐国的国君齐庄公,被相国崔杼阴谋设计杀害了。

原来，崔杼的夫人棠姜长得很漂亮，被齐庄公看上了，齐庄公仗着自己是一国之君，就与棠姜来往。

这是最新款的香蕉6手机，本王派人排了很久的队才买到的，送给你。

此事被崔杼知道了，就怀恨在心，思谋报仇。

大王给我戴绿帽子，我要让你永远戴不成帽子！

不久，崔杼请病假在家休息，齐庄公亲自去看望崔杼，崔杼借机报了仇。

太史伯求见相国大人。

崔杼谋杀了齐庄公，立庄公的异母弟杵臼为君，是为景公。崔杼继续做他的相国，飞扬跋扈、专断朝政。但他对弑君之罪非常心虚，他不想给自己留个恶名，就把掌管历史记录的太史伯找来。

崔杼让太史篡改史实,把齐庄公的死因写成是"病故"的,并说道:"你若按我说的意思写,我一定厚待于你,如若不然,可别怪我不客气!"

你记载本国大事时,一定要写成先君是害病死的。

这是弄虚作假呀,我不干!

太史伯听了崔杼的话,他坚决反对,说:"按照事实写历史,是当太史的本分,颠倒是非,歪曲事实,我做不到。"

崔杼听完后，他瞪圆了眼睛，阴沉着脸问："那么，你打算怎么写？"

你想造反呀！

太史伯不紧不慢地回答说："我要实事求是地写，是你谋杀了国君。"他拿起竹简，提笔而书。书罢，递给崔杼，上面赫然写着"夏五月，崔杼谋杀国君光"。

以事实为根据，真实再现历史！

崔杼火冒三丈，气势汹汹地喝道："你长着几个脑袋，敢这么写？快拿去重写，我叫你怎么写，就怎么写！"

你活腻歪，想找死啊！

太史伯毫不畏惧地回答说："我只有一个脑袋，可是你叫我颠倒是非，我情愿不要这个脑袋！"

生命诚可贵，真理价更高！

崔杼气得浑身发抖,让卫士把太史伯拉下去杀了。

拉出去杀了!太不给我面子了!

太史伯死了,按当时的惯例,史官是世袭的,于是他的兄弟太史仲继承哥哥的位置。崔杼召来太史仲,继续命令他写庄公是病死的,他满心以为太史仲会屈于他的淫威而从命的,但太史仲仍然按事实在史册上继续写着:"夏五月,崔杼谋杀国君光。"

我也要向哥哥学习。

崔杼想不到，天下竟有这样不怕死的人，他狠狠地对太史仲说："你不怕我把你也杀了？"

> 小子，胆儿还挺大。

太史仲面不改色，冷笑道："太史只怕不忠实，他可不怕死，你还能把所有的人都杀了吗？"

> 怕死就不来了！

凶狠的崔杼,最后还是下令把太史仲杀了。

> 这一次我一定要成功!

第三个太史继任,是太史伯、太史仲的弟弟,叫太史叔,他也像两个哥哥那样忠实记事,崔杼又把他给杀了。

> 杀了!杀了!都杀了!

崔杼被气得七窍生烟,咬牙切齿,但他一连杀了三个太史,内心里有点害怕。

他们会不会变鬼来害我?

第四个太史太史季上任,崔杼把史册拿过来一看,上面还是那一句话。

崔杼强行按捺住怒火,对太史季说:"你难道也不爱惜生命吗?"

"要珍惜生命啊!小伙子!"

太史季说:"这么记事是我的本分,要是贪生怕死,失了太史的本分,还不如尽了本分,然后死去。就是我不写,天下还有写的人,你不许写,可是你绝对改变不了事实。"

"前赴后继,坚持不懈!"

唉,你回去吧……

崔杼叹息一声,摆摆手叫太史季回去了。

太史季拿着史册走出崔府,把这段历史记录在史册上,为后世留下了确凿可信的历史资料。而齐太史兄弟不畏强权秉笔直书的义举也永载史册,为历代传诵。

不吃嗟来食

春秋时期,有一年,齐国发生了特大灾荒,老百姓辛辛苦苦种的地,颗粒无收,很多人被饿死了,尸体遍野。

这时，有个叫黔敖的富人，平时非常小气、刻薄，他想乘机做点事，得个好名声。

> 这个时期，我如果做点什么，一定会留名青史，成为大名人，嘿嘿。

于是，黔敖就假仁假义地在大道旁摆了个粥摊。

黔敖看着他雇的人给穷人们施舍米粥,脸上显出自豪而轻蔑的神情。

这天,黔敖仍旧站在那里,时不时吆喝几声。

都来喝粥啊!不含任何防腐剂。

这时远处有个年轻人用袖子遮着脸,饿得东倒西歪地走过来,看样子是好几天没有吃东西了。

晕啊!

黔敖心想:看这个年轻人饿成那样,我给他粥喝,他得给我磕头谢恩!

戏弄他一下!

黔敖就左手拿着一点食物，右手端着粥碗，傲慢地高声吆喝道："你过来吃吧，喂！来吃吧！"

> 快来，管吃管添管饱！

黔敖满以为那个饿得跌跌撞撞的人一定会喜出望外地走过来，狼吞虎咽地把这点食物吃个精光，而且会对他千恩万谢地说上一通。

> 他会感激涕零，感恩戴德的！

黔敖哪知道，事情完全出乎他的意料。

那个饿极了的人甩下袖子，扬起眉毛，狠狠地朝他瞪了一眼，冷冷地回答说："装什么神气！我就是因为不吃这种'嗟来之食'，才饿到这种地步的，哼，别给我来这一套猫哭耗子假慈悲的把戏！"

少跟我来假惺惺的，爷不吃这一套！

黔敖看清楚这个人原来是个年轻人，虽然饿得面黄肌瘦，两眼却非常有神，那目光似乎把黔敖的五脏六腑都看穿了。

年轻人说着，瞧都不瞧一下冒着热气的粥锅，继续照直往前走去。

年……年轻人……

黔敖向年轻人连声道歉,说自己刚才确实有点无礼,请求年轻人把那碗粥喝掉。

刚才是我不礼貌,小学都没有毕业的我不懂事,您消消气。

那年轻人头也不抬,什么话也没说,只是坚决地摆摆手,让黔敖走开。

年轻人是有骨气的,他宁愿饿死,也坚决不吃别人在轻蔑的神态中施舍的食物。

这些馒头也轻蔑地看我!我饿死也不吃!

这个故事流传了下来,产生了"嗟来之食"这个成语。

嗟来之食

那个无名的饥民,宁愿饿死,也不吃富人不怀好意递过来的食物,这种行为更是永远被人们牢记,千古传扬。

孤守疏勒

东汉时期，将领耿恭率领士兵与匈奴决战被围，他拒绝敌人诱降，拼死奋战，终于胜利突围返回朝廷。

耿恭少年时就用心读书习武，希望自己长大能继承先人遗志，做个对国家有用的人。

俺长得这么帅，一定要做个有用的帅哥！

耿恭长大后，朝廷任命他担任戊己校尉这个职务，率军驻防在金蒲城。

金蒲城

耿恭一上任就向乌孙国发出文告，宣传汉朝的声威和仁德，让乌孙国乖乖地做汉朝的诸侯属国，为东汉在西域的统治做出贡献。

> 我大汉朝是最牛的，最好的，最无敌的，我们是老大，你们要乖，不然打屁股……

然而，西域的北匈奴却不以为然，继续和东汉作对。

> 杀！杀！杀！

"杀呀!"

匈奴君主单于派兵攻打金蒲城,耿恭亲自率领将士与匈奴展开了激烈的争夺战,打退了敌人的多次进攻。

耿恭又令士兵在箭头上涂抹毒药后,射向敌人,匈奴兵纷纷中箭落马,匈奴士兵大为惊惶。

"竟然是生化武器!"

耿恭趁势发动进攻,消灭了大量敌人,匈奴士兵纷纷逃窜,匈奴单于见形势不利,只好率军撤退。

> 算你们狠,撤退,我们走……

耿恭知道匈奴不会善罢甘休,他就率领部队据守疏勒城。

> 把城门封死,说啥咱们也不出去!

这年的七月,匈奴再次来围攻,耿恭主动出击,把敌军打得四散奔逃。

冲啊!

匈奴没围住疏勒城,就堵住溪水,不让水流进城。

首领,再堵下去我们就被淹死了……

后来，疏勒城再次被围，耿恭率军坚持了几个月，粮食没有了，士兵们就把铠甲和弓上的牛筋、皮革都煮来吃了。

耿恭与士兵们同甘共苦，全军将士齐心协力，精诚团结，决心坚守到底。

> 决不投降！坚守到底！

时间过了不久，士兵们逐渐饿死、病死，最后只剩下几十个人了。

> 好……好饿……

耿恭坚决不投降，他杀死了使者，并把使者的尸体挂在城上示威。

单于再次增兵围攻耿恭，但攻了好几次，伤亡了不少，还是没有打下来。

这时，汉章帝即位，下令派军营救耿恭，增援士兵顶着狂风，到达疏勒城。

城中士兵见了援军，都欢呼起来。第二天，耿恭整顿队伍回朝，匈奴派兵追击，他们就边战边走。

官兵们因长期饥饿、疲困,身体十分虚弱。

我……我跑不动了……

从疏勒城出发时还有二十六人,沿途不断有人死亡,到达玉门关时,只剩下十三人。

玉门关

镇守玉门关的中郎将郑众被耿恭的事迹感动,给朝廷上了一道奏章,写道:"耿恭凭单薄的兵力坚守孤城,面对几万敌军的攻击,耗尽了力量。他们忠勇双全,杀伤敌军数千,耿恭的节义,应当受到嘉奖,以此来激励将帅。"

于是,朝廷任命耿恭为骑都尉,跟随耿恭的十几个人也受到重用。

浩然正气

南宋末年,元朝军队大举南下,准备消灭南宋。

南宋朝廷内部有人主张求和，而赣州知州文天祥坚决反对，他决心保卫宋朝江山。

我坚决反对投降！一定要和他们拼了！

文天祥接到谢太后解救皇帝危难的诏书，立即变卖家产，招募一万多勇士，星夜赶往临安。

我们今天必须赶到临安，虽然有一千多里的距离，但我们要相信自己。

文天祥对将士说:"现在国家有难,我不能无动于衷,我希望天下的忠臣义士都能群起响应,大宋的天下或许还能有救。"

国家兴亡,匹夫有责!

元军来势凶猛,朝廷要和元军讲和,谢太后任命文天祥为右丞相,去和元军议和。

派你去和元军议和吧。

文天祥到了元营，由于坚持要平等谈判，不肯屈服，而被伯颜扣留，往北方解押。

不久，伯颜攻入临安，俘虏了谢太后、宋恭宗及文武百官，也都押送到北方。

临安

在被押送途中,文天祥乘元军不备,偷偷逃走赶到福州,建议朝廷重整军队。

文天祥又从福建出兵江西,准备收复南宋的天下。

这一次我一定要成功!

元朝统治者害怕文天祥领导的抗元队伍发展起来，立即派出大批骑兵，到江西围剿。

文天祥派去围攻赣州和吉州的军队被元军打败，他只好带兵撤退到树林茂密的南岭，坚持战斗。

> 我们以后就是丛林战士！多拉风的名称啊！

有一天，南宋的叛臣张弘范，突然带兵包围了文天祥的军队。

> 你们已经被包围了，快放下武器投降。

> 又、又被抓住了……

文天祥他们来不及抵抗，一些人投降了，一些人跳了崖，文天祥不幸被俘。

张弘范把文天祥押到船上,劝他投降,遭到痛斥。

快投降!

想得美,我呸!

文天祥站在船头,面对浩渺无边的零丁洋海面,悲愤万分,作出了《过零丁洋》这首千古流传的诗篇。

文天祥在诗的最后两句,满怀激情地抒发了视死如归、决不投降的决心:人生自古谁无死,留取丹心照汗青!

人生自古谁无死

留取丹心照汗青

不久,宋军战败,南宋王朝从历史舞台上消失了。

张弘范又劝文天祥投降,文天祥誓死不屈,最后被押送到元朝大都。

元世祖忽必烈多次派人来劝文天祥投降,他都坚定地拒绝了,忽必烈佩服文天祥有骨气,他决定亲自来劝降,希望能起点作用。

竟然拒绝了一千九百多次,真是太有骨气了!

文天祥昂首挺立，不肯下拜，忽必烈劝诱他说："你文武全才，南宋已被消灭，假如你能归顺，我马上任命你为宰相，主管枢密院。"

投降吧，高官厚禄任你选！

文天祥冷冷一笑，轻蔑地对忽必烈说："一死之外，别无他求！"

视死如归！

忽必烈非常失望，又有些恼怒，但无可奈何，只好命令左右把文天祥带回牢房。

"把他带下去吧。"

在阴暗潮湿的牢房里，文天祥写下了长诗《正气歌》，表示决不贪生怕死，屈膝投降，表达了对忠勇节义之士的无比崇敬的感情，决心像他们那样反抗元朝统治者。

正气歌

元朝统治者对文天祥百般威逼利诱，软硬兼施，文天祥始终没有动摇。

> 他已经在这里站着不动好几个月了，看样子好像变成化石了……

> ……

后来，元朝统治者杀害了文天祥，这位傲骨铮铮的斗士，死时年仅四十七岁。

拒不趋炎附势

东晋时期的大诗人陶渊明，曾任江州祭酒、镇军以及彭泽县县令等官职。

陶渊明是一个关心百姓疾苦，为人民办实事的好官。

百姓们好！

领导好！

后来，因为对当时黑暗的社会现实不满，陶渊明辞官回家，过起了田园生活。

陶渊明的诗写得非常好,他还撰写了很多散文名篇,在历史上很有名气。

其中,陶渊明的散文《桃花源记》一直被人们传诵。

陶渊明从小立志，用功读书，希望有一天能解救普天下受苦受难的百姓。

维护世界和平就包在俺身上了！

可是，陶渊明发现官场腐败，官僚搜刮民财，压迫百姓，他非常气愤。

太可气了！又给我送来几十万……

辛辛苦苦一个月，就得到这么点俸禄，太可怜了……

陶渊明在彭泽县当知县时，一个月只有五斗米的官俸。

一天下午,陶渊明在书房看书,陶渊明每次办完公事,一定要看一会儿书。

联想到官场中种种黑暗现象，陶渊明看着这些抒发着苦闷心情的诗作，

陶渊明想：我一个七品芝麻官，对现在这个黑暗的世道无能为力，干脆辞职算了。

位低语轻，无可奈何呀！

这时，衙门里的小官吏进来报告说："九江李太守派督邮张大人来县里巡察，快请老爷更衣出去迎接。"

老爷，贵客临门，快请迎接！

陶渊明问道："是哪个张大人来了，为什么要我非穿官服不可呢？"

张大人何许人也？

陶渊明想到这里，叹一口气，愤然地说："我不能为了五斗米的薪俸，去向一个低能无知的乡里小儿折腰行礼！"

我还不伺候了呢！

帮我把大印交给李太守。

陶渊明取出知县大印，让小官吏转交给李太守。

陶渊明还让小官吏转告李太守说:『我回乡下养病,不当这个知县了。』

"解甲归田喽!"

小官吏劝陶渊明说:"您可要三思啊!您上任以来,很受本县百姓拥戴,他们也舍不得您走哇!"

"老爷,千万别冲动啊!"

陶渊明淡然一笑，坚定地说：「我早已下定决心，退出这污浊的官场，你就不要劝了，照我的话去做吧。」

我去意已决，你照办吧！

就这样，陶渊明收拾起行装，昂着头走出了衙门。

走啊走啊走，走到九月九……

临危不惧

魏朝末年,朝廷大权落到了司马昭手中,皇帝成了个空架子。

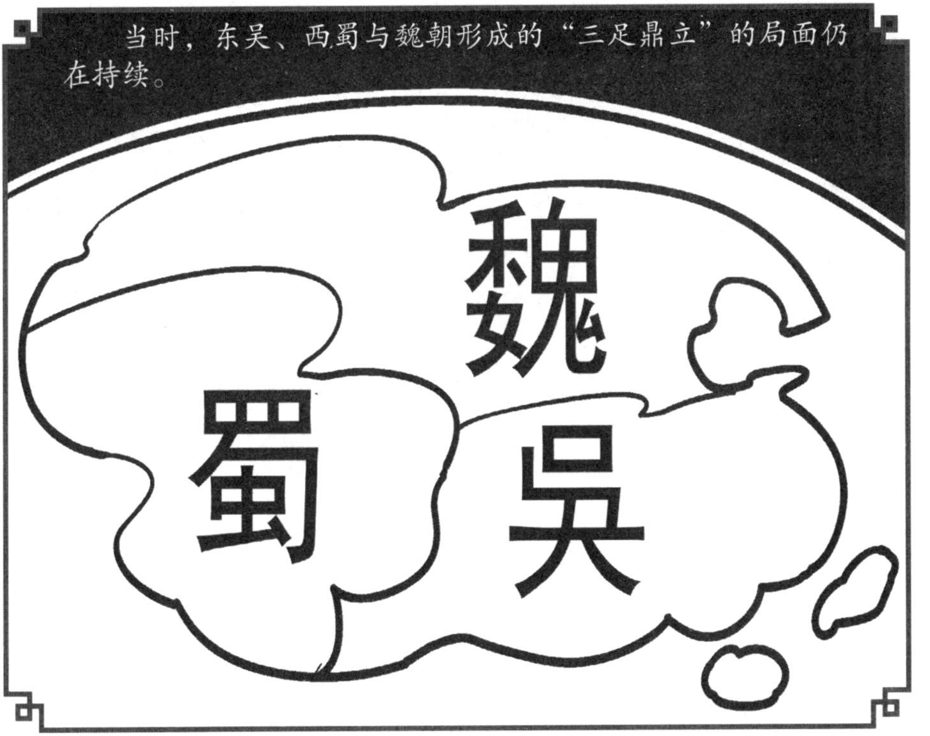

当时,东吴、西蜀与魏朝形成的"三足鼎立"的局面仍在持续。

魏
蜀 吴

执掌大权的司马昭表面上拥立曹焕做了魏元帝,自己做相国。

皇帝的称谓我不喜欢,我就勉强做个相国吧。

无耻!

> 皇帝告诉我说,他要派钟会、邓艾进攻蜀国,听清楚了吗?

司马昭代替皇帝发号施令,派镇西将军钟会、征西将军邓艾带兵进攻蜀国,想夺取天府之国的蜀地。

蜀后主刘禅听到这个消息后,吓得惊慌失措。

> 这可怎么办?这可怎么办?这可怎么办?

> 主上，我们投降吧，不管您怎么想办法都一定失败！

这时，朝中大臣中有人劝说刘禅投降。

为了保全自己的性命，刘禅下令让全体将士放下武器，停止抵抗。

> 主上有旨，所有士兵放下武器不许抵抗，违反者按照不爱国处罚！

这样，腐败的蜀国，轻而易举地被魏国灭掉了，魏国上下兴高采烈地庆祝胜利。

此时，远在蜀地的魏军却发生了内乱。

钟会看到曹魏政权落到司马昭手中，非常不服气，也想乘机夺取天下当皇帝。

他司马昭凭什么有那么大权力？真气死我了！

报告，相国亲自率军来见您了。

正当钟会秘密策划起事谋反、称王称霸的时候，忽然听说司马昭亲自率军来见面。

> 我有遗诏，谁敢违抗！

钟会说："相国司马昭弑主篡权，颠覆魏室，郭太后有遗诏，命令我们起兵讨奸，拯救魏国，有违者斩首！"

钟会说完后，就拔出宝剑，以武力胁迫众人服从。

> 你们有任何疑问，就向我的剑问吧。

这时，相国左司马夏侯、骑士曹属朱抚和郎中羊琇，从容地大声质疑钟会，表示不从命令。

你说什么？

听不懂哎。

天气不错哦。

钟会猛吃一惊，对他们说："郭太后的遗诏，要我们为国除害，你们要违抗太后诏命，我只好按法令治你们罪，你们好好想想，想通了我就放了你们。"

给你们机会想好了，别后悔！

夏侯等三个人不理钟会这一套，以沉默表示抗议。

两个J。

炸弹！

钟会下令让人把他们押下去，关在一间黑屋子里，三人临危不惧。后来，魏国朝廷平定了蜀地这场由钟会挑起的叛乱事件。

把他们关在小黑屋里面，不许点灯，吓死他们！

魏元帝下诏,对在平定叛乱事件中敢于抗拒钟会的夏侯和几位官员大加赞扬。

魏元帝在诏书里称赞他们:你们几个很有气节,决不屈服,严词反抗钟会的言语威胁;面临危险而毫不畏惧,所说的话刚直又有正气。

死不低头

东汉时期,洛阳令董宣在任期间,做出了一件惊天动地的事情。

有一天,汉光武帝的姐姐湖阳公主的家丁想白喝酒不给钱,就在酒馆里无理取闹。

你家的酒兑水了,我喝完之后头都晕了,还要让我给钱吗?你们应该赔我钱才对!

伙计和家丁讲理,家丁恼羞成怒,把伙计杀死后,逃到湖阳公主的府里躲起来。

一些愤愤不平的人到董宣那里去告状，恳求他为民做主，惩办凶手，主持公道。

> 大人，您一定要为我们做主啊……

董宣听后，非常气愤，他决心要惩治凶手。

> 就算追到火星我也要把凶手捉拿归案！

但是，不能搜查湖阳公主的府里，董宣就天天到公主府附近等那个家丁出来。

> 哼，我就在这里住下，顺便晒日光浴，我就不信你不出来。

一个多月过去了，没有抓到凶手，于是董宣就改变计谋：假装要办大案，放松了对凶手的追查。

> 我要去办大案子了，我走了！再也不回来了，放心地出来玩吧。

果然不久，湖阳公主带着那个家丁外出了，董宣带人埋伏在一个路口，要拿下凶手。

"大胆！你有几个脑袋，敢拦本公主的车马？"

但是，湖阳公主却铁青着脸，竖起眉毛说：

"好大的胆呀！"

湖阳公主见此气得要晕了,她立即进宫去见皇帝,要光武帝给自己做主。

我还会回来的!

光武帝立刻召董宣进宫,并吩咐左右,准备好鞭子。

鞭子。

光武帝怒气冲冲地责问董宣:"你知道我为什么召你进宫吗?"董宣平静地说:"知道。"

光武帝又说:"知道就好,只要你挨几鞭子,我就不追究你冒犯皇室的罪过。"董宣把头一抬,大声说道:"不用鞭打,让我说完话,我情愿死!"

光武帝气得火冒三丈,大声对董宣喝道:"你还有什么话要说?"

气死我了!

董宣也不示弱,说道:"皇上是开明君主,如果公主的家丁杀人,皇上置之不理,以后您还怎么治理天下?我宁愿自杀。"

公主也不能无法无天啊!

说完,董宣就撞向柱子,撞得头破血流,光武帝急忙令人拉住董宣。

快!快拉住他!

乖!去给公主作个揖吧!

我还是死了吧!

光武帝对董宣说:"你只要给公主磕个头,赔个不是,这事就算过去了。"董宣说:"我执法办事有什么错?我就是死也不磕这个头!"

光武帝见董宣这么刚强,也很佩服,让卫士放董宣走了,湖阳公主的气没出,非常恼怒。

太有骨气了,放开他,让他回去吧。

这怎么可以?必须让他给我道歉!

光武帝对湖阳公主说:"董宣执法严明,我不能处罚他呀,望姐姐多理解。"

理解万岁!

事后，光武帝对董宣大加称赞，并赏他三十万钱。

真棒！

发财了！

从此以后，董宣不怕豪门贵族的威名震动了京师，老百姓都称赞他。

董大人真是有胆子啊！

他晚上一定敢自己去厕所。

宁死不屈

明末清初，有位抗清将领叫张煌言，他坚决抗敌，宁死不屈。

张煌言是明朝崇祯时期的举人,清兵入关后,张煌言和一名叫钱啸乐的人一起抗清,但是由于他们兵力单薄,难以抵挡清军,最后没能胜利。

> 又打败仗了。

> 已经是这个月第一百零一次了!

后来,郑成功带领军队北伐,张煌言担当了先锋。

郑成功率义军攻下了宁国，要进攻九江时，没有很快发动攻势，再加上军队纪律不严，清兵就乘虚而入，很快打败了义军。

张煌言非常痛心，无奈之下，他暂时退守芜湖，来压制上游的清兵。

怎……怎么会这样，先退回去再说吧……

张煌言突围出来后，为了躲避清军，他改了姓名，历尽千辛万苦，回到海边。

好……好像这个海边有点远……

虽然经历了多次失败，张煌言反清的决心一点儿也没动摇。

我一定会成功的！

张煌言又继续打出抗清的旗号,吸引贫苦百姓和仇恨清兵的义士。

> 抗清招兵,都来参加呀,参与就有红包。

很快,张煌言的身边又聚集起一群不怕死的英雄好汉。

为了躲避清兵的搜捕,张煌言过着漂泊不定的生活,他们躲到荒凉偏僻的小岛。

救命啊!

由于荒岛缺少粮食,张煌言他们就偷偷派人去买米。

快走。

不久,清兵知道了张煌言的行踪,马上组织人马,前去捉拿张煌言。

> 谁抓住贼首就赏一个馒头。

一天半夜里,清兵越过山岭,潜入岛上,张煌言他们无路可逃,抵抗了一阵,先后被清兵捉住了。

清朝官员对张煌言百般利诱，都不起任何作用，就决定将他杀死。

张煌言毫不畏惧，昂首挺胸地走上刑场，他两眼目光逼人，步子很稳。

在刑场周围，聚集了闻讯前来的平民百姓，他们都想见一下这位赫赫有名的英雄。

"别挡，让我也看看。"

许多人远远看见张煌言，又是流泪又是咬牙，深深敬佩张煌言大义凛然的气节。

清兵怕张煌言说话，把他的嘴也堵上了，又怕老百姓骚动，匆匆忙忙地行刑了事，驱散了人群。

张煌言被杀后，有人冒着生命危险把他埋在西湖边的南屏山上，让英雄永远与青山绿水相伴。

气撼汉王

秦朝末年，爆发了农民大起义，各地农民拿起武器反抗官府，秦王朝的统治就要垮台了。

山东高青县境内农民，当时叫狄人，在田氏兄弟的带领下，也起来造反。

朝廷不公！我们反了！

狄人他们杀死秦朝的地方官，兄弟中田广做了齐王，田横做了副手。

汉王刘邦派韩信带领大军攻打田广、田横占据的齐地，很快就把田广、田横的军队打垮了，齐王田广被杀了。

田横带着士兵，死里逃生，后来，田横就当了齐王。

快跑啊！

"投降太没有面子了，绝对不投降。"

刘邦建立西汉王朝后，田横不愿投降。

田横不甘心做汉高祖刘邦的臣民，便带着手下的五百多个士兵，逃到了东海的海岛上去避难。

"当海盗也是很有前途的职业哦！"

> 多谢汉王好意!

田横回绝了使者,说:"请替我拜谢汉王,就让我做个老百姓吧。"

> 一个月没有睡好觉,田横害死我了!

刘邦听后很生气,不说服田横他连觉都睡不好。

于是，刘邦又派使者带着使节、诏书，去招降田横，显出朝廷的威风。

使者第二次到了岛上，对田横说："只要你们回去，从前的事一律不提，官大的可以封王，官小的可以封侯；如果你们不回去，皇上就要发动大军来剿灭你们！"

顺者昌，逆者亡！

田横清楚刘邦是软的硬的一齐来，为了不连累大家，田横假装同意，只带了两个随从，跟着使者到洛阳去了。

快到洛阳时，田横忽然提出要求，对使者说："拜见皇帝，我应当洗个澡，换身衣服，表示敬意。"

得搞搞个人卫生，再去见皇帝！

使者同意让田横在驿站洗澡,自己休息去了。

那你快点,我去旁边睡一会。

放心放心,我洗澡很快的。

田横叫来随从说:"我是齐国的臣子,应当忠于齐王,齐王被杀了,我去投奔敌人,还得低声下气地听他使唤,这口气我咽不下去。"

士可杀,不可辱!

田横还说:"要是后世的人都学我的样子,谁强就巴结谁,天下还有忠义、气节可讲吗?这儿离洛阳很近,我死了,你们提着我的头去见刘邦。"

宁死不屈!

田横说完,毫不犹豫地拿起剑自杀了。

使者知道田横已经死了，只好包了田横的头，叫两个随从提着，去见刘邦。

刘邦见了田横的头，叹息着说："真了不起啊！"

真汉子！

刘邦感慨一番后下令，按诸侯王的葬礼安葬田横，又任命两个随从做了都尉，后来两个随从也自杀了。

> 按照诸侯王最好的礼仪埋葬他，太感人了……

五百多名壮士知道田横和随从都自杀了，他们来到田横和随从的坟头一齐唱起了哀伤的歌，唱完后都拔剑自杀了。

> 我真的还想再活五百年！

刘邦惊叹不已,吩咐士兵把五百多个壮士的尸体都埋了。

都一起埋了吧……真是太感人了……

人们为了纪念田横和五百多名壮士,把那个海岛叫"田横岛"。

田横岛

杀头不剃发

清朝初年,清军颁布"剃发令",强迫汉族男人按清朝的风俗剃去前面的头发,脑后留一条长辫子,这项规定遭到百姓反对。

每个人都必须剃发,不然杀头。

江阴秀才许用德对大家说:"束发是我们祖先留下来的传统,不能随便剃头发,我们要横下一条心,头可断,发不可剃!"

这是祖传的呀!

大家群情激愤,推举新任典史陈明遇为领袖,指挥守城抗敌。

我们推举您为百姓出头,我们决定叫您为出头鸟,好听吧。

陈明遇又提议，请广东省英德县主簿阎应元来指挥。

> 大家静一静，我觉得阎应元做出头鸟更加合适。

阎应元听后非常激动，他带领四十多名家丁，连夜赶到城里。

阎应元一到，就修建防御工事，又把江阴城划分为几个区域来防守。

防守神器——炮楼。

清军的人马有十万之众，四面包围，把江阴城围得水泄不通，接着开始进攻。

冲啊！

冲啊！

阎应元指挥众人，凭借居高临下的地势，把清军的攻势压下去了。

跟你们拼了！

清军又架起大炮轰城，炮火异常猛烈，一刻不停，清兵又乘势猛攻，把北城撕开了一道缺口。

轰！

阎应元立即下令，用大石头在里面再筑起一道坚固的堡垒，堵住了缺口。

快用石头堵上缺口！

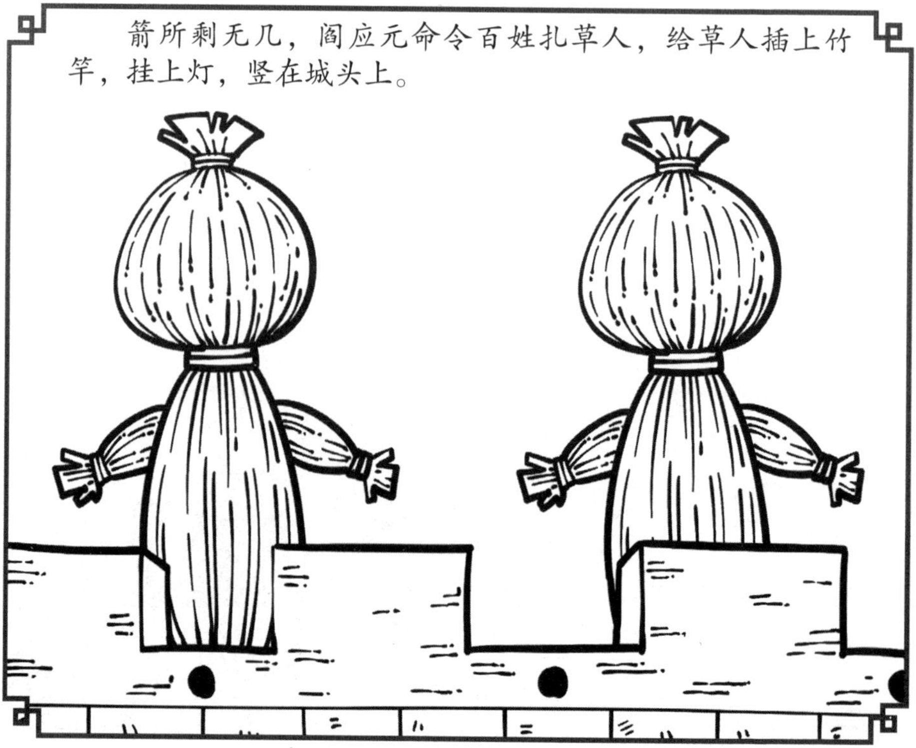

箭所剩无几，阎应元命令百姓扎草人，给草人插上竹竿，挂上灯，竖在城头上。

守城的士兵埋伏在城垛后面，鸣锣打鼓，大声呐喊，就像要从城头吊下去袭击敌营一样。

杀呀！

喵喵喵喵！

冲啊！

清军大为震惊，纷纷向城上射箭，这样，守城士兵又得到了很多箭。

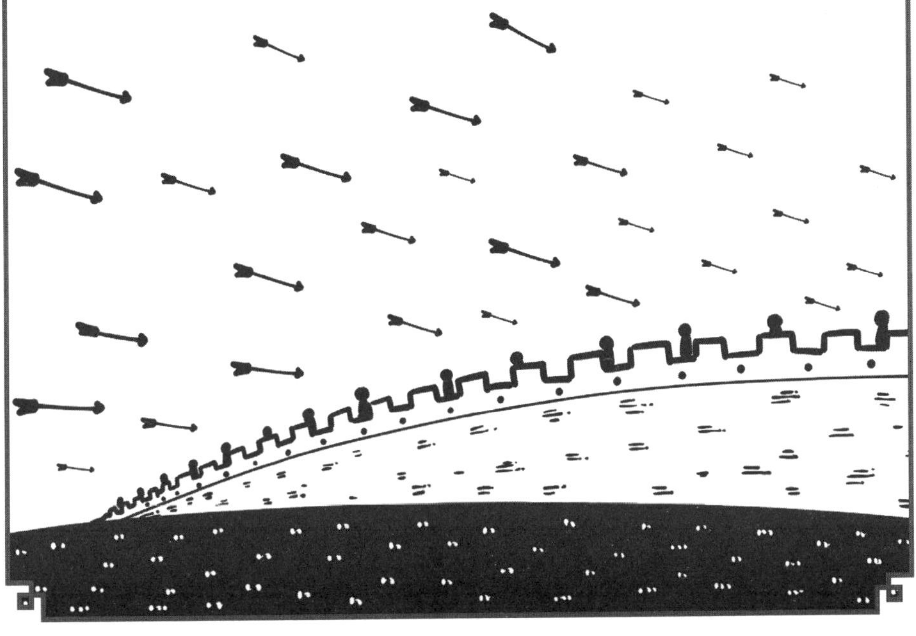

夜里，阎应元又派几十名精壮的战士，偷入敌军营中，趁着风势放起火来，敌军顿时乱作一团，死了好几千人。

清军只得向后撤退，在离城三里的地方扎下营来。

清军统帅刘良佐大声喊道:"我与阎君是老朋友,我要跟他会会面。"

我要见阎君!

阎应元站在城头上,刘良佐对他说:"弘光帝早已逃跑,你识时务趁早投降,可以保得住荣华富贵!"

识时务者为俊杰!

阎应元轻蔑地回答他："你是个镇守疆土的大将，投降敌人，充当开路的走狗，有什么脸来见我们志士义民？"刘良佐只得灰溜溜地走了。

> 你个叛徒，还有脸来，快滚开！

清军的贝勒押着降将来劝说阎应元等人投降，阎应元在城上大骂他们是软骨头！

> 这些都是你们投降的人，看他们现在多帅啊。

> 此处省略一千万脏话……

贝勒看见阎应元毫无投降的表现，就加紧攻城，守城军民以血的代价一次又一次把清兵赶下了城墙。

杀呀！

清军用大炮轰城，城里死伤的人越来越多，城墙被轰破，清兵冲上城墙。

敌人上来了，快跑啊！

阎应元带领一百多名勇士，和敌人进行肉搏巷战，又杀伤了数以千计的清兵。

杀啊！

最后，因寡不敌众，阎应元要自杀殉国却未成功，被清兵俘虏了。

阎应元挺胸直立，贝勒喝令他下跪，他坚决不跪，一个清兵拿刀向阎应元小腿刺去，他支持不住，扑倒在地上。

给我跪下！

贝勒见阎应元铮铮铁骨，宁死不降，于是下了斩杀令。

既然不给面子，那就拉下去杀了吧。

防守西门的陈明遇也因体力不支被杀害了,他身上伤痕累累,手里紧握着刀柄,尸体靠在墙壁上,直立不倒。

阎应元、陈明遇坚守江阴城八十一天,城中军民没有一个投降的,是何等的气节啊!

渑池相会

战国时期,赵国有个叫蔺相如的使者,曾出使秦国。

蔺相如出使不辱使命、完璧归赵的行为,不仅表现了赵国不甘屈服秦国的决心,也使秦王丢了脸面,秦王很想再找机会报复赵国。

蔺相如回到赵国后,秦昭襄王又使出花招,请赵惠文王到渑池相会。

把赵王请到渑池,然后……嘿嘿……

去还是不去呢？万一被扣了咋办……

赵惠文王怕被秦国扣留，不敢去，但是大臣们认为要是不去，反倒叫秦国看不起。

大王要是不去，也太没有面子了吧。

嗯，说得对。

赵惠文王没办法,准备硬着头皮去冒一次险,就叫蔺相如跟着他一块儿去。

唉,没办法了,蔺相如陪本王一起去送死吧。

很快,赵惠文王和秦国昭襄王约定的日期到了。

秦昭襄王和赵惠文王在渑池见了面，很高兴地喝酒、谈天，彼此都很亲热。

哥俩好！

干杯！

秦昭襄王喝了几杯酒，略带醉意地对赵惠文王说："听说赵王喜欢音乐，弹得一手好瑟，我这里有个宝瑟，请赵王弹个曲子，给大家凑个热闹！"

赵王，露一手吧！

赵王心里虽不情愿，却不敢推辞，很勉强地弹了一曲，赵王弹完后，秦王假惺惺地称赞了几句。

好！弹得真是太棒了！

随后，秦王转身叫秦国的史官当场把这件事记下来，说道："某年某月某日，秦王和赵王在渑池相会，赵王给秦王弹瑟。"

快将这一幕记入史册！

赵王听后，顿时气得脸都紫了。

气死我了！气死我了！气死我了！

赵王心想：赵国还没有亡，秦王竟把我当成他的臣下，叫我弹我就弹，还把这种丢脸的事记在历史上，赵国的体面可丢尽了。

无颜以对！

可是，赵王敢怒不敢言，只好把气忍在肚子里。

我……我忍……

这时候，蔺相如拿着一个瓦盆，突然跑到秦王跟前，跪着说："赵王听说秦王精通秦国的音乐，我这儿有个瓦盆，请秦王赏脸敲个曲儿吧！"

请秦王也展示一下吧！

秦王立刻变了脸色，蔺相如的两眼射出光芒，气愤地说："大王太欺负人了！秦国的兵力虽说强大，可是在这五步之内，我就可以把我的血溅到大王身上去！"

信不信我的血能溅大王身上！

秦王见蔺相如目光逼人,语气坚定,只好拿起筷子在瓦盆上敲了一下,蔺相如叫赵国的史官也把这件事记下来。

蔺相如高声念道:"某年某月某日,赵王和秦王在渑池相会,秦王为赵王敲瓦盆。"

"快,咱也记上!"

秦国的大臣眼看着蔺相如让秦王丢了面子,他们很不服气,有人忍不住站起来说:"请赵王割让十五座城池给秦王上寿!"

> 快给我们大王上寿礼!

蔺相如听后也站起来对秦王说:"请秦王割让咸阳给赵王上寿!"

> 也请给我们大王上寿礼!

这时，秦王已经得到密报，说赵国早有准备，一旦渑池有情况，赵军就准备打过来。

大王，赵国军队已经把这里包围了……

都给本王闭嘴！

秦王知道用武力也占不到什么便宜，就喝住秦国的大臣。

秦王又请蔺相如坐下，语气和缓地说："今天是两国君王欢聚的日子，诸位不必多言，来来来，我们喝酒！"说着，秦王给赵惠文王敬了一杯酒，赵王也回敬了一杯。

> 今天是个好日子！

秦王与赵王两个人约定，从此以后谁也不侵犯谁，渑池相会圆满结束。

逃避封赏

　　春秋初期，流亡在外多年的晋国公子重耳回到晋国做了国君，这就是后来成为"春秋五霸"之一的晋文公。

晋文公举行了复国封赏大典,给跟随他逃难的兄弟加官晋爵,晋国结束了长期以来动荡不安的局面。

晋国的文武百官都齐心协力，各就其位，各谋其政。

齐心协力，繁荣富强！

老百姓从事生产劳动，安居乐业，晋国进入了一个安定团结的新的时代。

但是，在封赏中，唯独不见跟晋文公一齐出逃的介子推。

当年晋文公逃难路经卫国时，因为好几天没吃饱饭，饿得头晕眼花。

介子推忍痛割下自己大腿上的肉，给文公做肉汤喝。

这是什么肉做的汤？太好喝了！

神仙的肉。

晋文公派了很多人去找介子推，都没有结果，他到底躲到哪里去了？怎么不来找晋文公要个官做呢？

报告大王，我们找遍了全国，找遍了亚洲、非洲、美洲、欧洲、火星……都没有找到介子推的踪迹……他可能不在太阳系。

介子推是个性格耿直的人，他瞧不起那些表白功劳、追求利禄的人。

大王落难的时候，有天上厕所忘记带纸，是我亲自给他送过去的。

切！

原来，介子推回到晋国，就回家看望老母亲去了。

回家喽！

重耳成了晋文公后，介子推只朝见过他一次，以后便托病在家，编织草鞋，伺候老母。

> 编草鞋工艺品卖的钱可比上班拿的工资多很多呢。

邻居张解去找介子推，劝他去找晋文公请赏。

> 你去找大王请赏，大王肯定会给你很多钱的。

老母亲也劝他说:"你跟重耳逃难十九年,历尽千般辛苦,你去找他,享受荣华富贵,不用再弯腰编草鞋了。"

多好的机会啊!

介子推答道:"晋国要立个有德行、能继承祖先事业的君主,就是文公,我不能争官要赏,让文公难堪,我宁愿终身打草鞋,养老母,也不去争那一官半职。"

不给文王添麻烦!

"找个山清水秀之地!"

介子推又对老母亲说:"我非常喜爱绵山,那里山高水清,土地肥沃,森林茂密,我们到那里去吧。"

于是,介子推背着他的老母亲上了绵山,居住下来。

晋文公找不到介子推，就召张解来询问介子推的下落，并且说谁能找到介子推，必有重赏。

只要你提供有价值的线索，找到他，本王就大大地赏你。

张解把介子推逃避封赏的事向晋文公说了。

介子推，男，家有一老母，血型XYZ，性格怪异，喜欢喝啤酒，爱看电视，他一岁尿过床，三岁玩过泥，五岁……

晋文公封张解为下大夫，做向导，亲自带领文臣武将，到绵山寻找介子推。

前面就是绵山，风景秀丽，是国家著名旅游景点……

晋文公大队人马来到山前，派出士兵进山搜寻了好几天，也没有介子推的踪影。

这时有人说:"介子推最孝顺,如果我们放火烧山,他一定会背着老母亲跑出来。"

> 放火烧山,他定会出来!

晋文公便下令烧山,火乘风势,风助火威,绵山被烧得草木焦枯,野兽逃窜,却没看到有人出来。

几天后,大火灭了,晋文公派士兵再去搜山,士兵们在一棵被烧成炭的大树底下看到了两具互相抱着的尸体,那正是介子推和他的老母亲。

晋文公把介子推安葬在绵山之下，并为他建立了一座祠庙。

后来，晋文公下令，把绵山改为"介休"，意思是介子推休息的地方。

兄弟气节

唐代大书法家颜真卿,他的字体被人们称为"颜体",是历代学习书法的人入门练习的范本。

这位大名鼎鼎的书法家也是一位不畏强暴、坚持正义的英雄。

俺是英雄！俺无所畏惧！

颜真卿的堂哥颜杲卿是常山太守，也是秉性刚直，气节高尚，从来不向恶势力低头。

我是他哥哥，我是这集的男一号。

……

安史之乱爆发，颜真卿招募了一万多名勇士，竖起讨伐叛贼的大旗。

颜真卿的讨贼大旗一挥，附近几个郡县的官员，推举颜真卿为盟主，把军队交给他统一指挥。

老大威武！

"给你一万军队,必须拿下常山!"

"遵命!"

安禄山听到消息,派得力的部将率领一万军队,去打常山,叛军兵临城下,颜杲卿急忙布置防守。

"布防!快布防!"

守军奋力抵抗，经过连日的苦战，常山城还是被叛军攻破，颜杲卿不幸被俘。

叛军将领对颜杲卿软硬兼施，逼他投降，并威胁说要杀了他小儿子。

快投降！不然就杀了你儿子！

颜杲卿面对叛军将领的威胁毫不畏惧，眼皮也不抬，依然昂着头挺着胸。

叛军将领没办法，只好把颜杲卿和他的家属，押到安禄山那里去。

安禄山气哼哼地责问颜杲卿："你为什么要反叛？"

好好当官好好发财不好吗？干什么反叛啊？

颜杲卿瞪圆双眼，指着安禄山大骂道："朝廷派你担任节度使，你忘恩负义，反叛朝廷，我是唐朝的臣子，我为国家讨伐叛贼，恨不能立刻杀了你。"

你个大逆不道的叛贼！

安禄山气急败坏地下令让士兵凶残地一刀一刀剐死了颜杲卿，并杀了颜家三十多人！

拉出去杀了！

唐德宗的时候，淮南节度使李希烈参加藩镇叛乱，朝廷受到很大的震动。

卢杞说你去送死比较合适，拿着圣旨去见李希烈吧。

昏庸的德宗听信奸相卢杞的建议，派颜真卿带着圣旨去见李希烈。

李希烈想先吓住颜真卿，然后再笼络他，但是这招不灵。

我很厉害哦，这么大的肌肉块儿见过没？

李希烈又逼迫颜真卿给德宗写奏章，为他辩护，并且表示愿意罢兵停战，颜真卿识破他的阴谋，坚决不答应。

给皇帝写奏折，就说李希烈是大好人，是天才。

打死打不死都不写，气死你。

李希烈在颜真卿那儿碰了钉子，只好灰溜溜地走了。

不久，河北的几个叛将派使者和李希烈一起劝说颜真卿，许诺要任颜真卿为宰相。

只要你投降，就让你当宰相！

只要投降，金钱美女大大地有。

颜真卿怒斥道："我如今快八十岁啦，决心坚守我兄长颜杲卿的气节，决不会受你们的威逼利诱。"

别痴心妄想了！

李希烈见颜真卿不降,就把他拘押起来,扬言要活埋了他,颜真卿轻蔑地说:"我的生死全操在你手心里,何必多此一举!"

后来,李希烈就决定杀害颜真卿,他派人冒充朝廷的使者,前去对颜真卿说:"天子的诏书到:赐死。"

颜真卿识破了李希烈诡计,大骂道:"逆贼岂敢冒充天子下诏书!要杀要剐,随你的便吧!"

别装神弄鬼了!

就这样,这位刚直忠勇、气节过人的老英雄,和他的堂兄一样,虽然死在叛贼手里,但他们的英名却流传后世,永远被人民铭记在心。